E______________		
M______________		2 
F______________		3 
H______________		4 
K______________		5 
Ei______________		6 
Sch______________		7 
A______________		8 
I______________		9 
Z______________		10 

Bunte Leseübungen, Heft 1

Ei______________

R______________

Au______________

W______________

D______________

Sch______________

M______________

K______________

L______________

F______________

1

2

3

4

5

6

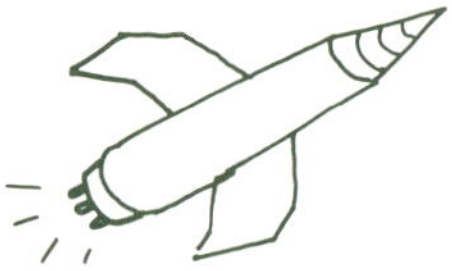
7

8

9

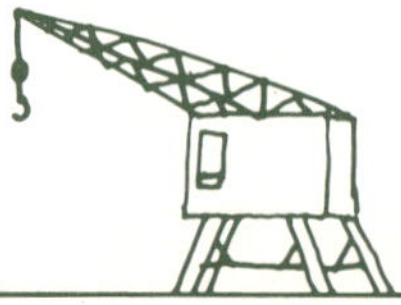
10

n ______________________

z ______________________

sch ______________________

b ______________________

t ______________________

e ______________________

w ______________________

f ______________________

k ______________________

r ______________________

1

2

3

4

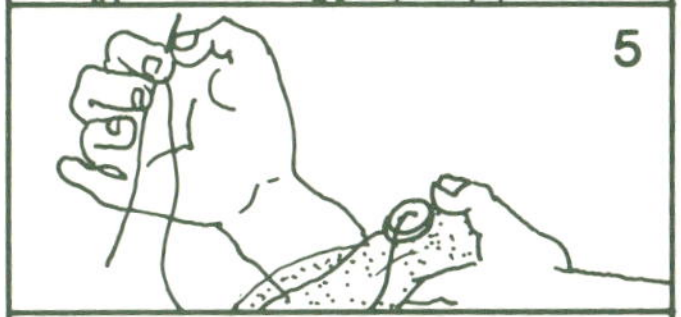
5

6

7

8

9

10

Bunte Leseübungen, Heft 1

r ______________	
l ______________	
d ______________	
sch ______________	
f ______________	
w ______________	
m ______________	
b ______________	
k ______________	
p ______________	

1

2

3

4

5

6

7
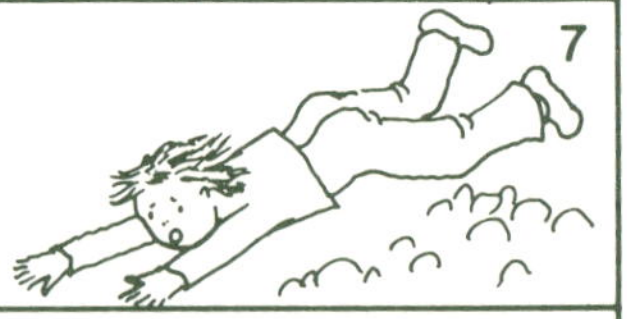

8

9

10

____________o		1 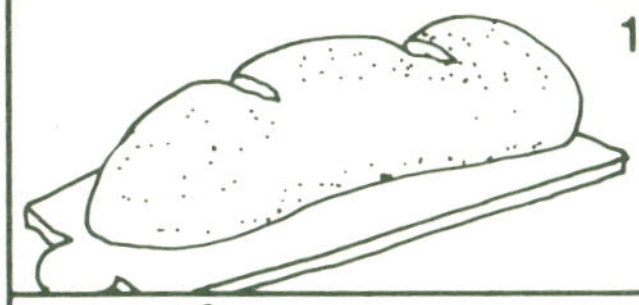
____________m		2 
____________l		3 
____________f		4 
____________au		5 
____________s		6 
____________t		7 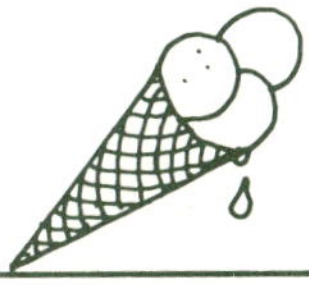
____________k		8 
____________n		9 
____________ei		10 

Bunte Leseübungen, Heft 1

____________n		1 
____________s		2 
____________t		3 
____________o		4 
____________m		5 
____________f		6 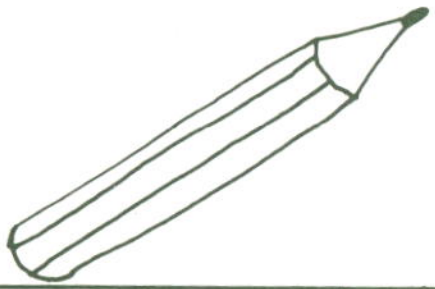
____________l		7 
____________a		8 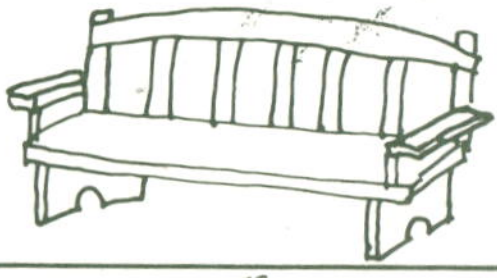
____________k		9 
____________ei		10 

Bunte Leseübungen, Heft 1

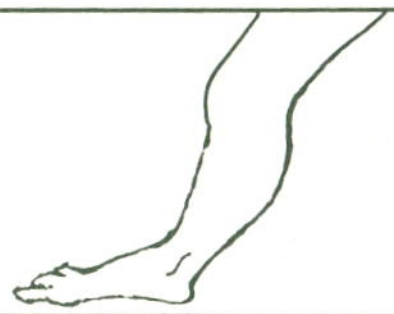	1	Sch______
	2	Au______
	3	T______
	4	A______
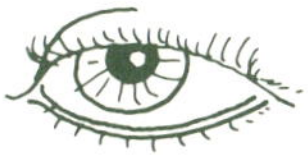	5	H______
	6	J______
	7	Z______
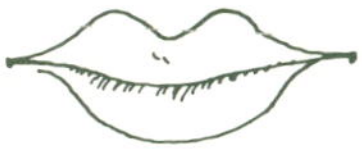	8	B______
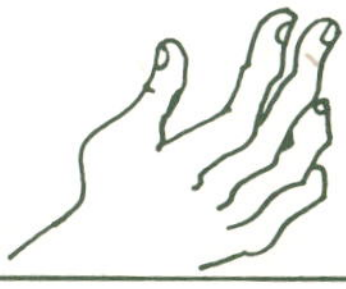	9	N______
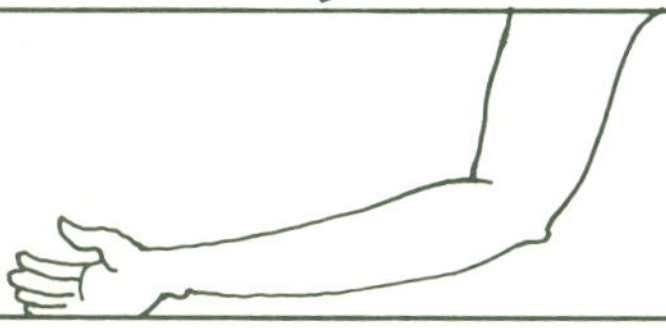	10	M______

		1 St______
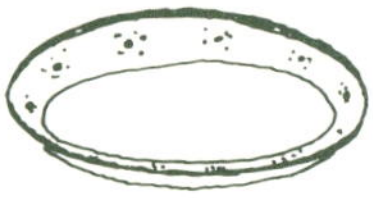		2 F______
		3 B______
		4 K______
		5 Sp______
		6 G______
		7 Au______
		8 H______
		9 P______
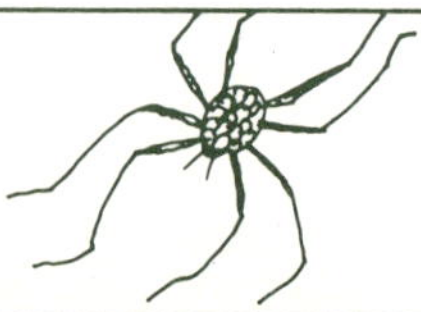		10 T______

Schaf		 1
Kamel		 2
Schwein		 3
Löwe		 4
Raupe		 5
Maus		 6
Fisch		 7
Vogel		 8
Hase		 9
Igel		 10

Sch a f		1 
H a s e		2 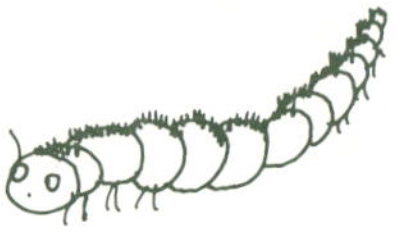
K a m e l		3 
V o g e l		4 
L ö w e		5 
M au s		6 
R au p e		7 
F i sch		8 
Sch w ei n		9 
I g e l		10 

Ho______

Ha______

Tau______

Ra______

Ta______

Tu______

No______

Na______

Ga______

Rau______

1

2

3

4

5

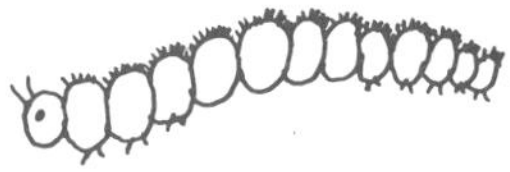

6

7

8

9

10

R__pe	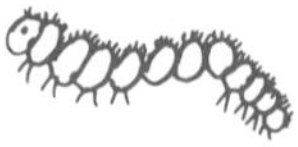	1	o
V__gel		2	ei
N__se		3	ü
H__se		4	ö
F__er		5	a
F__ß	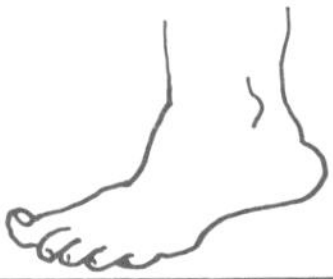	6	au
B__n		7	eu
T__r		8	e
F__bel		9	u
Sch__re		10	i

H__s			e	1
T__r	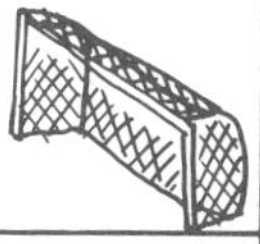		ü	2
L__ter			ö	3
H__t			i	4
H__se			au	5
St__er			o	6
L__we			eu	7
B__sen			a	8
B__gel			ei	9
T__ger			u	10

Bunte Leseübungen, Heft 1

Na__el		1	ch
Lö__e		2	p
Fla__e		3	d
Rau__e	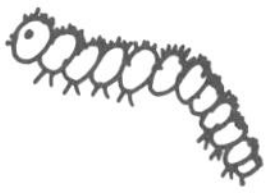	4	w
Au__en		5	b
Ma__er		6	z
Dra__en		7	l
Rei__er		8	g
Wal__e		9	sch
Tu__e		10	t

Rei_en			1	r
Schu_e			2	f
Bir_e			3	l
I_el			4	t
Fuß_all			5	s
Au_o			6	n
Ei_er			7	b
Sche_e			8	p
Lam_e			9	m
Ha_e			10	g

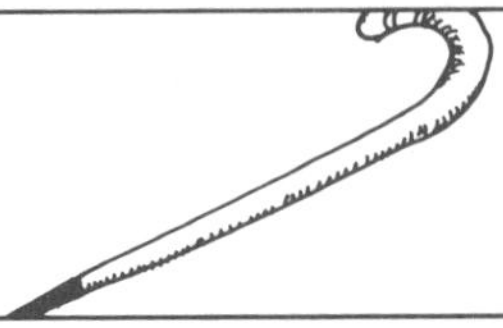		1 ______sch
		2 ______ei
		3 ______ck
		4 ______ch
		5 ______ß
		6 ______ie
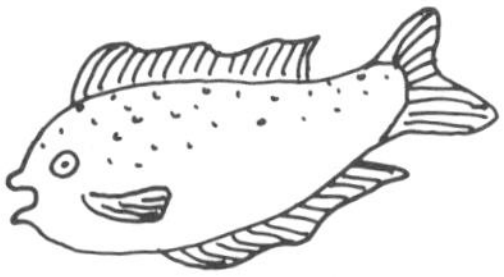		7 ______pf
		8 ______z
		9 ______uh
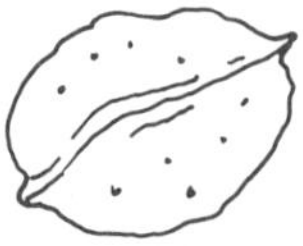		10 ______eh

____________ f	1	
____________ l	2	
____________ ch	3	
____________ sch	4	
____________ m	5	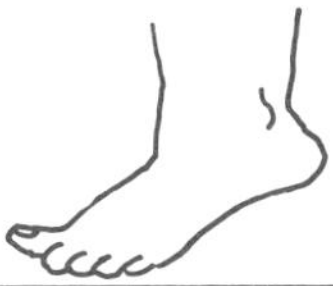
____________ ck	6	
____________ z	7	
____________ n	8	
____________ ß	9	
____________ t	10	

	S	◯
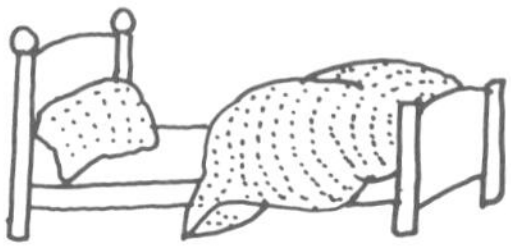	B	◯
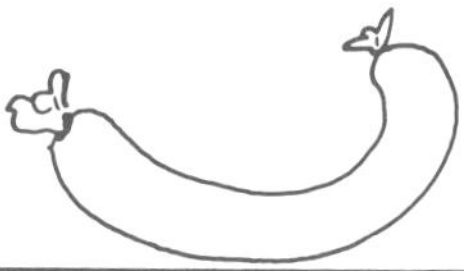	W	◯
	L	◯
	K	◯
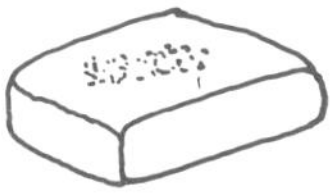	S	◯
	R	◯
	H	◯
	B	◯
	F	◯

1	__ uchen
2	__ eife
3	__ anane
4	__ ase
5	__ ilm
6	__ urst
7	__ onne
8	__ ampe
9	__ ose
10	__ ett

Bunte Leseübungen, Heft 1

	W	1	__ ube
	W	2	__ adel
	T	3	__ agel
	T	4	__ ald
	S	5	__ urm
	S	6	__ olke
	N	7	__ alz
	N	8	__ iene
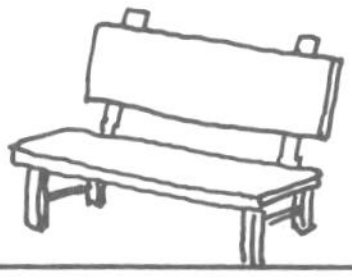	B	9	__ uppe
	B	10	__ ank

 Ro		1 ____fen
 En		2 ____mer
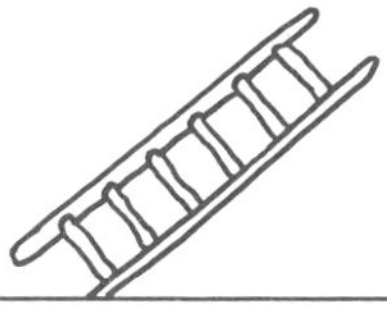 Lei		3 ____lat
 Pin		4 ____to
 Ei		5 ____tel
 Rei		6 ____ter
 Sa		7 ____te
 Ei		8 ____se
 Man		9 ____sel
 Au		10 ____er

Bunte Leseübungen, Heft 1

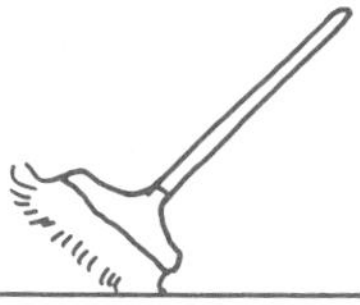	Be		______se	1
	Dau		______pe	2
	Ei		______ter	3
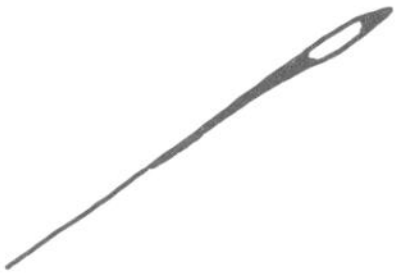	Na		______der	4
	Bü		______sen	5
	Re		______men	6
	Rei		______gen	7
	Ho		______gel	8
	Rau		______chel	9
	Fe		______del	10

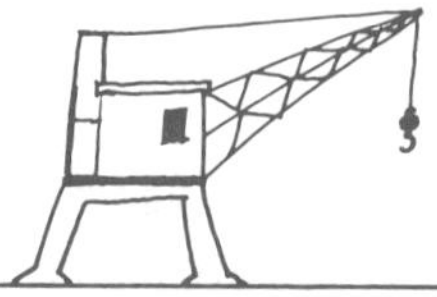		1 Dr________
		2 Kr________
		3 Bl________
		4 Fr________
		5 Tr________
		6 Kl________
		7 Br________
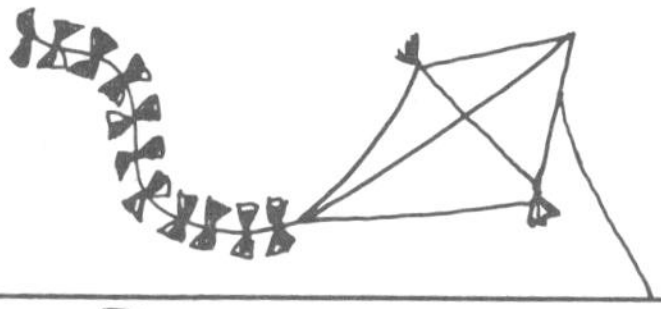		8 Fl________
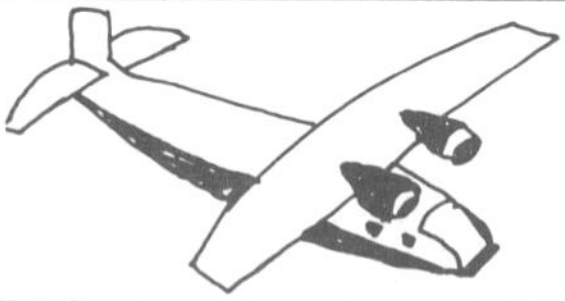		9 Gl________
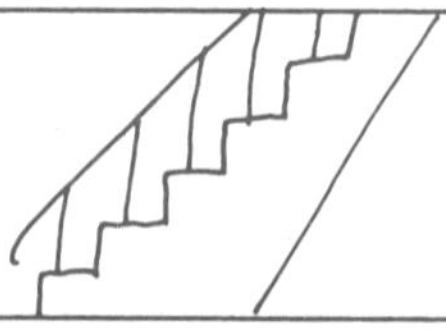		10 Gr________

Bunte Leseübungen, Heft 1

Schw__________	○	1 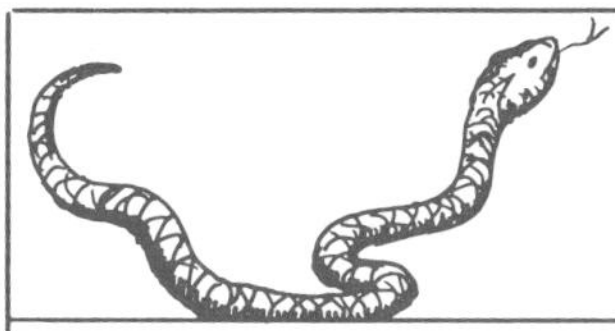
Schr__________	○	2 
Schm__________	○	3 
Schn__________	○	4 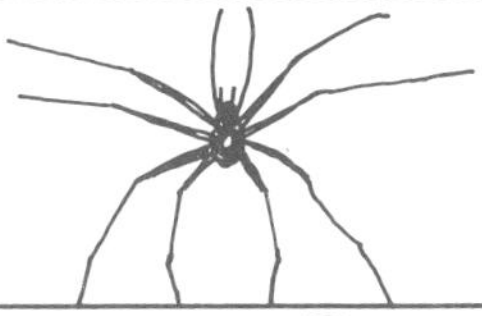
Schl__________	○	5 
St__________	○	6 
Str__________	○	7 
Sp__________	○	8 
Spr__________	○	9 
Sch__________	○	10 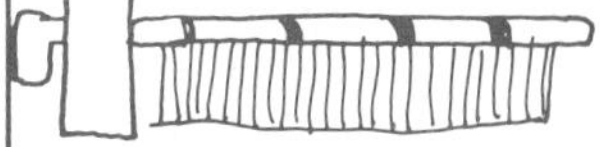

V a t e r

M u tt e r

T o ch t e r

S oh n

O m a

O p a

K i n d e r

E l t e r n

K a tz e

H u n d

1

2

3

4

5

6

7

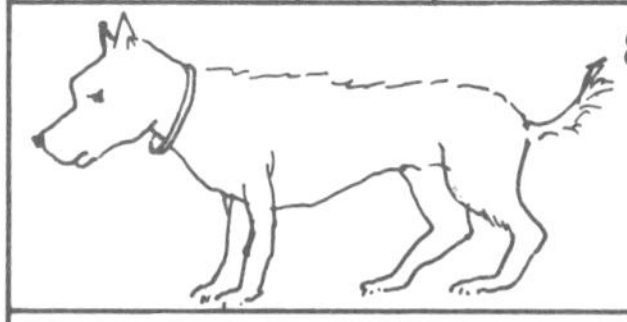
8

9

10

Bunte Leseübungen, Heft 1

vier	⬡	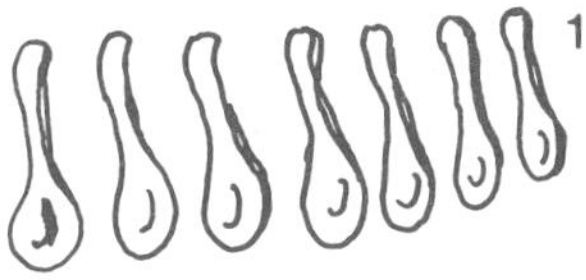 1
zehn	⬡	 2
sechs	⬡	 3
drei	⬡	 4
neun	⬡	 5
zwei	⬡	 6
acht	⬡	 7
sieben	⬡	 8
eins	⬡	 9
fünf	⬡	 10

Katze		1	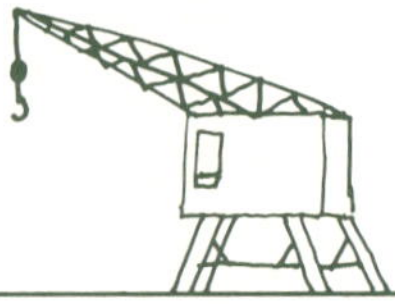
Kette		2	
Koffer		3	
Kran		4	
Korb		5	
Tasche		6	
Tisch		7	
Tafel		8	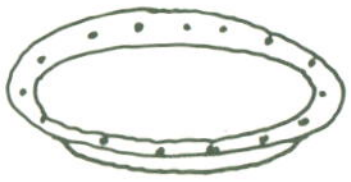
Tasse		9	
Teller		10	

B a n a n e		1	
Ei m e r		2	
Au t o		3	
E l e f a n t		4	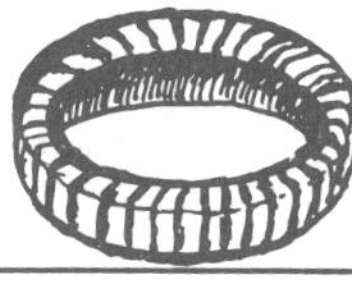
M au s		5	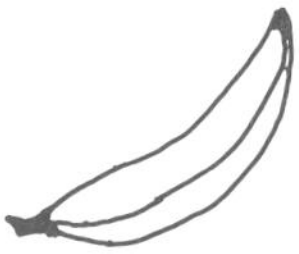
R a d i o		6	
T e l e f o n		7	
R o s e		8	
T o m a t e		9	
R ei f e n		10	

N o t e		1 
T a sch e		2 
Au t o		3 
T e l e f o n		4 
S o f a		5 
T a f e l		6 
Ei m e r		7 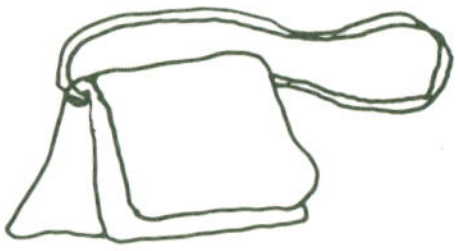
L a t e r n e		8 
M au s		9 
T a ss e		10 

Vater und sein Sohn		1 
Vater und Mutter		2 
Vater und seine Tochter		3 
Vater und sein Hund		4 
Mutter und ihre Katze		5 
Mutter und ihre Tochter		6 
Mutter und ihr Sohn		7 
Mutter mit ihrem Schirm		8 
Hund und Katze		9 
Hund und Knochen		10 

Opa mit Stock

Opa mit Pfeife

Opa im Sessel

Oma und Opa

Oma und ihr Enkel

Oma und ihr Hund

Opa und sein Papagei

Opa und sein Enkel

Oma und ihre Brille

Oma und ihr Auto

1

2

3

4

5

6

7

8

9

10

Bunte Leseübungen, Heft 1

ein dicker Mann	
eine dünne Frau	
ein trauriges Kind	
ein fröhliches Kind	
ein weinendes Kind	
eine schmutzige Hose	
eine zerrissene Hose	
eine geflickte Hose	
ein großer Hund	
ein kleiner Hund	

1

2

3

4

5

6

7

8

9

10

eine Brille auf der Nase	
eine Brille in der Hand	
eine Mütze auf dem Kopf	
eine Mütze unter dem Tisch	
ein Hund vor dem Auto	
ein Hund im Auto	
ein Baum neben dem Haus	
ein Baum hinter dem Haus	
ein Bild über dem Bett	
ein Bild neben der Tür